Jacqueline Morley hat an der Universität in Oxford ihr Doktorat in Englisch gemacht. Sie ist Lehrerin für Geschichte und Englisch, widmet sich derzeit vor allem der Geschichtsforschung und kann bereits auf eine Reihe von Publikationen und Übersetzungen verweisen. Sie war für die Übersetzung und Redaktion der englischen Ausgabe des Buches »Egypt«, einem Abriß der ägyptischen Geschichte und Kultur von Ceres Wissa Wasses, verantwortlich und betreute die Dokumentation und die Texte zahlreicher Kinderbücher über geschichtliche Themen.

Nicholas Hewetson wurde 1958 in England, in der Grafschaft Surrey, geboren. Er studierte am Eastbourne College of Art, wo er ein besonderes Interesse für die Illustration von Jugendbüchern über historische Themen entwikkelte. Er wohnt heute mit seiner Gattin und seinen vier Kindern in Brighton, wo er seit 1978 als Illustrator tätig ist.

Weitere Titel der Reihe
»Abenteuer Weltgeschichte«:

* GRIECHENLAND UNTER PERIKLES – Die Blütezeit Athens

* CHINA UNTER SCHI HUANG-TI, dem großen Herrscher und Erbauer der Chinesischen Mauer

* ROM UNTER KAISER AUGUSTUS, dem Begründer des Römischen Weltreiches

* CHRISTOPH KOLUMBUS, der Entdecker Amerikas

* DIE WIKINGER, die wagemutigen Seefahrer des Nordens

Die Reihe wird fortgesetzt.

ABENTEUER
WELTGESCHICHTE

ÄGYPTEN ZUR ZEIT RAMSES II, DEM GROSSEN PHARAO

JACQUELINE MORLEY
NICHOLAS HEWETSON

DEUTSCH VON
MAG. ILSE SCHAGER

VERLEGT BEI
KAISER

Inhaltsverzeichnis

Leitung der Reihe: David Salariya
Graphik: David Salariya
Illustrationen: Nicholas Hewetson
Text: Jacqueline Morley
Beratung: Rosalie David
Verlegerische Leitung: Giovanni Caselli
Graphische Koordinierung: Janet Armstrong

Deutsche Erstausgabe.

Einleitung

Die Zivilisation des alten Ägypten ist mehr als 5000 Jahre alt. Ihre Geschichte begann vor dem Jahr 3100 v. Chr., als König Menes Ober- und Unterägypten vereinte, und endete, als Ägypten 30 v. Chr. zu einer römischen Provinz wurde. Die Forscher haben die Geschichte dieser drei Jahrtausende in verschiedene Abschnitte unterteilt. Die wichtigsten unter ihnen werden als Altes, Mittleres und Neues Reich bezeichnet. Der König von Ägypten wurde »Pharao« genannt, ein Name, der »Großes Haus« bedeutet. Es gab mehr als 150 Pharaonen, die in verschiedene Familien oder Gruppen, die sogenannten »Dynastien«, unterteilt werden können. Dieses Buch erzählt von Hori, einem Knaben, der zur Zeit des Neuen Reiches unter dem Pharao Ramses II. der 19. Dynastie, also etwa um 1250 v. Chr., lebte.

Während des Neuen Reiches, der Zeit der Hochblüte der ägyptischen Kultur, eroberten die Pharaonen der 18. Dynastie ein riesiges Imperium, das vom östlichen Mittelmeer bis nach Nubien reichte. Auch Ramses II. vollbrachte brillante militärische Leistungen und ließ grandiose Monumente errichten, von denen teilweise noch Reste zu bewundern sind.

In diesen 3000 Jahren Geschichte sind zahlreiche Dynastien aufeinander gefolgt, im Alltagsleben der einfachen Leute gab es jedoch kaum Veränderungen. Ihre Existenz hing vor allem von den alljährlichen Überschwemmungen des Nils ab, der ihr Land bewässerte und fruchtbar machte. Die Gesellschaft und die Gewohnheiten der Zeit Horis blieben in fast allen Abschnitten der Geschichte des alten Ägypten unverändert. Die Religion und der Glaube an ein Weiterleben nach dem Tod waren sehr wichtig, und aus diesem Grund wurde in die Grabkammern, deren Wände mit Zeichnungen von Szenen des täglichen Lebens geschmückt waren, Gegenstände gelegt, von denen man annahm, daß der Verstorbene sie im Jenseits brauchen könnte. Anhand dieser Gegenstände und Zeichnungen können wir uns heute eine Vorstellung davon machen, wie die alten Ägypter lebten. Wir werden ihre Welt mit den Augen Horis betrachten.

Das Haus

Die reichen Ägypter, egal ob Männer oder Frauen, trugen bei vielen Anlässen Perücken aus feiner Wolle. Schon von Kindheit an wurde den Knaben der Kopf rasiert und nur eine lange Locke an der rechten Schläfe belassen. Aus diesem Grund war das Schriftzeichen für »Kind« eine Locke. Die Priester jedoch rasierten sich ganz kahl, aber auch die Leute aus dem Volk trugen das Haar sehr kurz. Die Gewänder bestanden aus dünnem Leinen. Die feineren Stoffe hingegen waren sehr teuer: oft wurden daher aus den Gräbern neben Gold auch Stoffe geraubt.

Hori ist neun Jahre alt, und das ist das Haus, in dem er mit seinen Eltern und seinen kleineren Geschwistern lebt. Hori winkt seinem Vater zu, der sich zur Arbeit begibt. Dieser wird von seinen Dienern in einer Sänfte getragen und durchquert so die belebten Straßen der Stadt bis zu seinen Amtsräumen im Ministerium für Öffentliche Bauten des Pharaos. Der Vater Horis, Erster Architekt des Pharaos Ramses II., kann sich den Luxus erlauben, in einem großen Haus inmitten eines Gartens zu leben, in dem unter anderem auch Weinstöcke und Feigenbäume wachsen. Es gibt dort sogar ein großes Wasserbecken, in dem die Kinder baden können. Die Städter wohnen meist in kleinen Häusern, deren Fenster auf schmale Gäßchen hinausgehen. Nur einige unter ihnen haben einen eigenen Hof mit einem Brunnen. Alle Häuser jedoch, egal ob sie dem unbedeutendsten Arbeiter oder dem Pharao gehören, bestehen aus sonnengetrockneten Nilschlammziegeln. Die Dächer sind flach, die Decken der größeren Innenräume werden von Holzsäulen getra-

gen. Die Fenster sind schmal und hoch, um die Hitze abzuhalten. Horis Haus ist innen und außen kunstvoll bemalt. Der Empfangsraum für wichtige Besucher verfügt über eine Decke aus verzierten Balken und Säulen mit Kapitellen in Form von Lotosknospen. Dieser Raum hat zwei Türen: eine davon führt in das Arbeitszimmer des Hausherrn, die zweite zum Frauentrakt. Hier verbringt Horis Mutter den Großteil ihrer Zeit mit den Kindern und ihren Bediensteten.

Horis Eltern haben viele Bedienstete, die die Kleider, den Schmuck und die Perücken ihrer Herrschaften in Ordnung halten. Sie verstehen sich meisterlich auf Massagen, Schminktechniken, Pediküre und Maniküre und servieren bei Tisch. Die schwereren Arbeiten werden von Köchen, Gärtnern und Trägern erledigt, die in kleinen, rund um einen Hof hinter dem Haus angelegten Kammern leben. Dort befinden sich auch die Küche und die Ställe.

In den Häusern der Reichen gab es eigene Räumlichkeiten für die Körperpflege. Für eine Dusche sorgte ein Diener, der von einer erhöhten Stufe aus das Wasser auf seinen Herrn goß. Diese Räume waren mit Stein ausgekleidet, damit die Feuchtigkeit nicht die Wände angreifen konnte. In den Gärten der Tempel und der herrschaftlichen Häuser dienten große Wasserbecken zur Bewässerung des Gartens und als Schwimmbassin. Ein Bad in diesen Becken war dem Schwimmen im Fluß, wo es von Krokodilen wimmelte, auf jeden Fall vorzuziehen. Viele Hausbesitzer hielten sich in ihren Gärten einen Ichneumon (Schleichkatze), der die Giftschlangen tötete.

Wohnungen und Einrichtungen

Unser Wissen über das ägyptische Haus stammt vor allem von Wandmalereien und Tonmodellen, die zum Großteil aus jener Stadt kommen, die einst die Hauptstadt Echnatons war, eines Pharaos, der etwa 60 Jahre vor Ramses II. lebte. Ein Arbeiterdorf in der Nähe der Hauptstadt bestand aus Häusern mit vier Zimmern, die längs der schmalen Gäßchen angeordnet waren. Das erste Zimmer, das auf die Straße hinausging, diente als Arbeitsraum, das

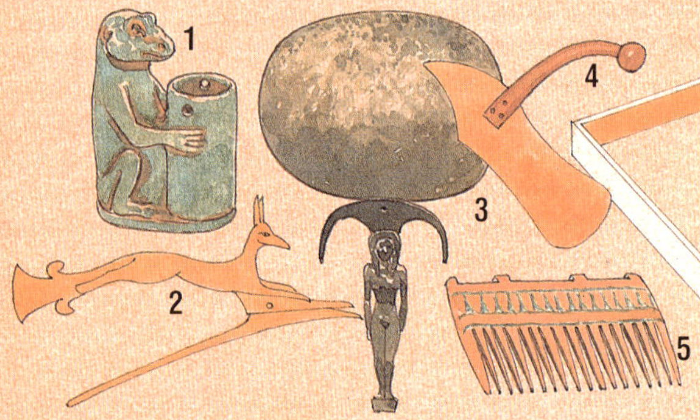

zweite, dessen Decke höher war und von Säulen gestützt wurde, war das Wohnzimmer. Entlang der Wände dieses Wohnzimmers verlief ein niedriger Sockel aus Ziegeln, der als Sitzgelegenheit genutzt wurde. Hinter diesem Zimmer lagen zwei weitere Räume, wobei einer als Abstell- und Lagerraum oder Schlafzimmer und der zweite als Küche verwendet wurde, in der Wasserkrüge, die Getreidemühle, die Feuerstelle bzw. der Herd untergebracht waren.
Die Bauern lebten in noch bescheideneren Häusern, während die Reichen wunderschöne Villen hatten. In der Hauptstadt Echnatons gab es Platz in Hülle und Fülle, während sich die reichen Leute in älteren Städten mit begrenztem Platz oder mit Häusern aus mehreren Stockwerken begnügen mußten. Als Möbel verwendete man Hok-

1 Gefäß in Form eines Affen: zur Aufbewahrung von »Khol«, einer schwarzen Paste zum Schminken des Augenumrisses
2 Das Frisieren der Perükken erforderte Instrumente wie diese kunstvolle Lokkenschere
3 Bronzespiegel mit Griff in Form eines schlanken Frauenkörpers
4 Rasiermesser aus Bronze zum Rasieren des Kopfes
5 Kamm

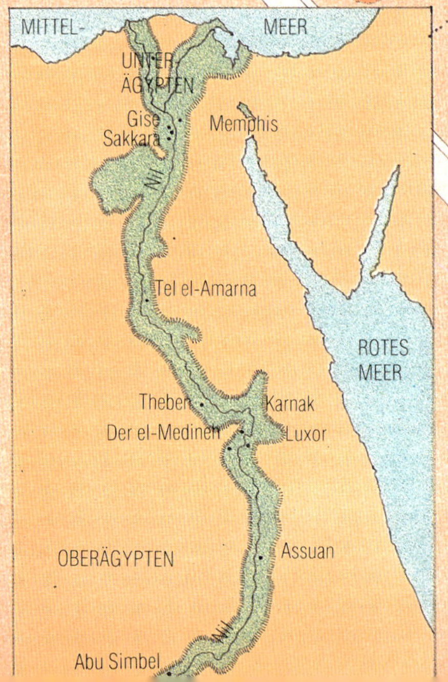

6 Ente, die zur Mast gestopft wird; anstelle von Hühnern wurden hauptsächlich Enten und Gänse gezüchtet
7 Das Braten einer Gans auf einem niedrigen Kohlenofen

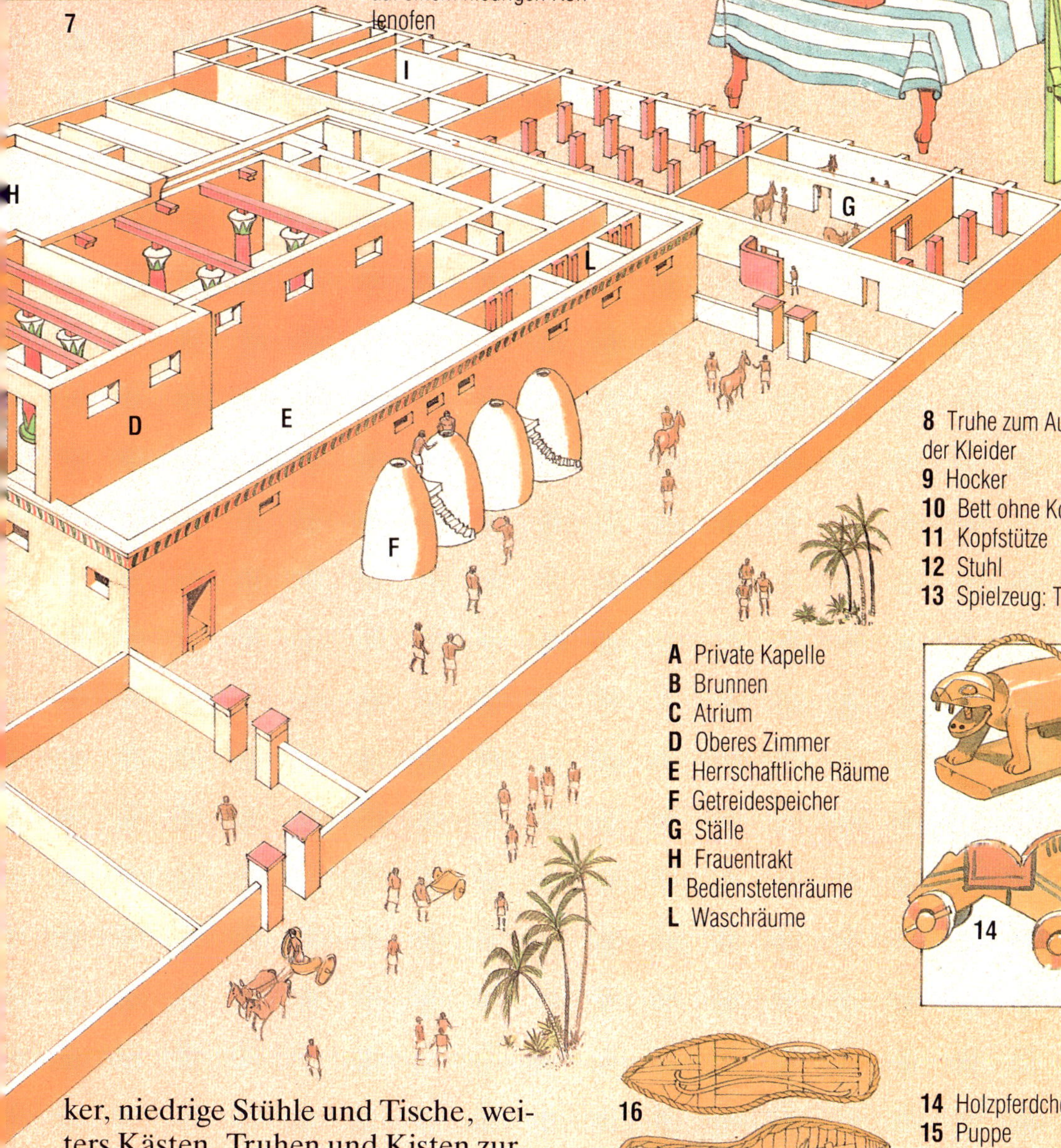

8 Truhe zum Aufbewahren der Kleider
9 Hocker
10 Bett ohne Kopfende
11 Kopfstütze
12 Stuhl
13 Spielzeug: Tiger

A Private Kapelle
B Brunnen
C Atrium
D Oberes Zimmer
E Herrschaftliche Räume
F Getreidespeicher
G Ställe
H Frauentrakt
I Bedienstetenräume
L Waschräume

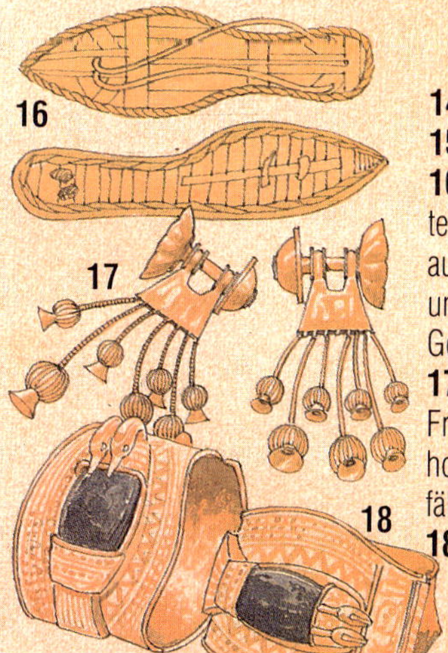

14 Holzpferdchen
15 Puppe
16 Sandalen aus geflochtenem Papyrus; es wurden auch Sandalen aus Leder und teilweise sogar aus Gold verwendet.
17 Ohrringe aus Gold: Frauen und auch Männer in hohen Ämtern trugen auffällige Schmuckstücke
18 Armreifen Ramses' II.

ker, niedrige Stühle und Tische, weiters Kästen, Truhen und Kisten zur Aufbewahrung der Kleider und der verschiedenen Gegenstände, da es noch kein Möbelstück mit Laden gab. Als Beleuchtung dienten Öllampen. Die Möbel bestanden aus Holz oder Schilfrohr. Bei den Reichen waren sie meist mit Einlegearbeiten verziert und teilweise mit Blattgold überzogen.

Der Fluß

Hori wohnt in der Stadt Pi-Ramses (»Haus des Ramses«), der neuen Hauptstadt, die Ramses II. am Nildelta erbauen ließ. Wenn Hori aus der Schule kommt, geht er oft mit Freunden die Schiffe beobachten, die an der Mole ihre Waren abladen. Alles wird in Ägypten auf dem Flußweg transportiert, da es in der Wüste oder zwischen den Sümpfen des Flußdeltas keine guten Straßen gibt. Heute sind einige Schiffe vom Meer eingetroffen, die mit Holz aus Syrien beladen sind, einem Land im Norden Ägyptens. Nicht weit davon entfernt entladen einige nubische Händler Kupfer, Elfenbein, Straußenfedern und wertvolle Tierfelle. In etwas größerer Entfernung liegen die großen Lastkähne, die von den Steinbrüchen im Landesinneren gewaltige Steinblöcke für die Bauten des Pharaos herbeigeschafft haben. Die Zöllner kontrollieren die eingetroffenen Waren und handeln mit den Kauf-

leuten die Höhe des zu bezahlenden Zolls aus. Auf der Mole preisen viele Händler lauthals ihre Waren an, und die Hafenbeamten schreien ihre Befehle in alle Richtungen. Hori liebt das rege Treiben entlang des Flusses.
Alle Ägypter verehren Apis, den Gott des Nils, der ihrem ausgetrockneten Land Leben schenkt. Wenn die Götter gebührend verehrt werden, lassen sie alljährlich den Nil über seine Ufer treten. Der frische Schlamm mit seinem Reichtum an natürlichen Düngemitteln ermöglicht gute Ernten. Bis jetzt haben die Götter die Überschwemmung niemals ausgelassen, und dennoch erwarten die Leute jedes Jahr aufs neue mit einem gewissen Bangen das Hochwasser. Die Beamten des Pharaos messen den Wasserstand und berichten ihrem Herrn darüber. Nur der Pharao kann die Götter günstig stimmen und die lebensnotwendige Überschwemmung sichern, da er selbst eine Gottheit ist. Dies ist die wichtigste all seiner Aufgaben, da ohne das Hochwasser des Nils Ägypten zu einer Wüste würde und alle Bewohner Hungers sterben müßten.
Aus diesem Grund arbeiten die Ägypter gerne für den Pharao, jeder nach seinen Fähigkeiten und Aufgaben.

Viele der Baustoffe wurden aus dem Ausland herbeigeschafft. Eine Ladung Fichtenholz für das heilige Boot des Amun wurde vom König von Byblos in Syrien für fünf Kannen Silber, 15 Ballen königliches Leinen, 500 Rollen Papyrus, 500 Ochsenhäute, 521 Säcke Linsen und 35 Körbe Trokkenfisch verkauft. Die Ägypter verwendeten kein Geld, sondern bezahlten alles in Naturalien. Der Wert der zum Tausch feilgebotenen Ware wurde offiziell in »Deben« aus Gold, Silber oder Kupfer festgesetzt. Aber in Wirklichkeit existierte dieser »Deben« nicht. Ein Dokument informiert uns über den Verkauf eines Ochsen im Wert von 130 Kupferdeben für eine Tunika im Wert von 60 Deben, 10 Säcke, dreieinhalb Einheiten zu 36 Liter im Wert von 20 Deben, eine Kette zu 30 Deben und zwei Tuniken zu je 10 Deben. Die ägyptischen Schiffe kreuzten normalerweise im Roten Meer, vielleicht sind sie sogar bis Indien vorgedrungen.

Der Pharao

Horis Vater wird oft ins »Große Haus« berufen, um die Befehle des Pharaos entgegenzunehmen. Hier werden alle wichtigen Vorkehrungen getroffen. Dem Pharao gehört das Land und alles, was darauf lebt oder gedeiht. Er ist der Oberste Priester, der Oberste Richter und das Oberhaupt des Heeres. Unter seiner Herrschaft stehen die Steinbrüche, die Goldminen und die Kanäle, die das Wasser des Nils zu den Feldern führen. Ihm gehören auch die Getreidevorräte, die das Volk in Jahren der Mißernten ernähren. Er entscheidet über Fragen der Politik und des Handels mit dem Ausland. Da er all diese Aufgaben nicht allein erfüllen kann, gestattet der Pharao den Priestern und Adeligen den Besitz von großen Ländereien. Den Priestern ist auch die Aufgabe zugeteilt, stellvertretend für den Herrscher den Kult in den Tempeln zu pflegen. Der Erste Minister oder Wesir ist für die Regierung verantwortlich, er muß aber jeden Tag dem Pharao seinen Bericht vorlegen. Wenn der Pharao mit einem seiner Beamten besonders zufrieden ist, wird dieser als Belohnung in den Palast gerufen, wo der Pharao ihm vom Zeremonienbalkon aus Gold und Juwelen zuwirft. Heute ist Hori besonders aufgeregt. Er hat erfahren, daß auch seinem Vater diese Ehre zuteil wird, und die gesamte Familie ist eingeladen, an dem Festakt teilzunehmen. Hori war noch nie im Palast und staunt mit offenem Mund über die märchenhaften Verzierungen aus Gold, Lapislazuli und anderen wertvollen Materialien. Hofdamen und Diener halten Stangen in den Händen, an deren Ende große Fächer aus Federn befestigt sind. Sie bilden an den Seiten des Hofes, in dem

die Zeremonie stattfindet, ein Spalier. Eine Menschenmenge drängt sich draußen, um durch das Tor einen Blick ins Innere werfen zu können. Als der Pharao auf dem Balkon erscheint und Juwelen auf den Geehrten regnen läßt, klatschen Hori und viele der Anwesenden Beifall und preisen lauthals die Größe und Güte des Pharaos.

Die Ägypter glaubten, daß der Pharao eine Reinkarnation des Goldenen Falken sei, des Gottes des Himmels und der Sterne, Sohn des Amun-Rê, des Sonnengottes. Besitztümer und Titel wurden in weiblicher Linie weitervererbt: Starb ein Pharao, so mußte der Nachfolger eine Tochter der »Großen Gattin« des Pharaos heiraten, auch wenn es sich um seine Schwester handelte. Der Pharao und viele Adelige hatten mehrere Frauen, bei den einfachen Leuten war die Polygamie jedoch sehr selten. Die Familie war eine sehr feste Institution, obwohl in manchen Fällen die Scheidung gestattet war.

Die Frauen hatten die gleichen Rechte wie die Männer. Der Pharao war kein unnahbarer Herrscher: auf seinen Reisen entlang des Nils besichtigte er alles und schlichtete Streitigkeiten seiner Untertanen. Sein Urteilsspruch war unantastbar. Die Strafen waren sehr hart. Für gewisse Verbrechen wurden die Ohren oder die Nase abgeschnitten, oder die Übeltäter zu Zwangsarbeiten in den Bergwerken verurteilt.

Die Schreiber

Hori besuchte die Schule der Priester des Tempels von Seth, dem wichtigsten Gott von Pi-Ramses. Die meisten Schulen befinden sich bei einem Tempel, aber einige Kinder aus adeligen Familien der Hauptstadt bekommen Privatunterricht im Palast, gemeinsam mit den zahlreichen Kindern des Pharaos. Die Kinder aus dem Volk gehen nicht zur Schule, beinahe niemand lernt lesen und schreiben, die meisten werden vielmehr sehr bald zur Arbeit geschickt. Bei den Bauernfamilien müssen die Kinder den Eltern natürlich helfen, das Land zu bestellen.
Auch Horis Schwestern gehen nicht zur Schule, da diese nur den Knaben vorbehalten ist. Sie lernen aber daheim Schreiben, Tanzen und Musizieren.
Hori geht frühmorgens aus dem Haus: unter dem Arm hält er ein Etui mit seinem Schreibzeug, das aus einer Rohrfeder und Behältern für rote und schwarze Tinte besteht. In der Klasse verteilt der Lehrer an jeden Schüler eine dünne Platte aus Kalkstein, als »Schmierpapier« für die Schreibübungen. Die Papyrusrollen, die in einer versperrten Truhe aufbewahrt werden, sind zu kostbar, um sie den jüngsten Schülern zu überlassen. Der Lehrer gibt sie nur den Fortgeschrittenen.
Heute muß Horis Klasse einen Teil eines berühmten Textes, der *Hymne an den Nil,* abschreiben und dann auswendig lernen. Der Lehrer ist zu lustlosen und undisziplinierten Schülern sehr streng. Die Eltern legten auf die schulischen Erfolge des Sohnes, der ein erfahrener Schreiber werden soll, großen Wert. Dies ist der erste Schritt, um im öffentlichen Leben höhere Ämter bekleiden zu können. In den Büros des

Pharaos werden genaue schriftliche Aufzeichnungen aller kaufmännischen und rechtlichen Geschäfte, über die Kontakte mit dem Ausland und über die Steuereinnahmen geführt. Für diese Zwecke müssen alle Beamten gute Schreiber sein. Ein guter Schreiber kann rasch Karriere machen und hoffen, einmal Wesir zu werden.

Die Ägypter erfanden ein ausgezeichnetes Papier, das aus dünnen Streifen von Halmen einer Wasserpflanze, des Papyrus, bestand. Die Streifen wurden gut mit Wasser vermengt und dann in Schichten angeordnet, die so Blätter bildeten, die in der Folge gepreßt, getrocknet und schließlich aufgerollt wurden. Papyrus ist eine höchst nützliche Pflanze.

Die Armen verwendeten sie zur Herstellung von Seilen, Körben, Fußmatten, Schürzen, Sandalen und Flechtmatten zur Verstärkung der Wände ihrer Schlammziegelhütten. Die Blätter der Pflanze wurden als Gemüse verzehrt. Viele der dünnen Steinplatten und der Steingutsplitter, die von den Schülern für ihre ersten Schreibversuche verwendet wurden, sind bis heute erhalten geblieben.

Das Heer

Bis etwa 1600 v. Chr., als das Land von den Hethitern erobert wurde, gab es in Ägypten weder Pferde noch Wagen. Die hethitischen Krieger kämpften auf von Pferden gezogenen Wagen, und die Ägypter übernahmen diese Kampftechnik.

Ramses II., der im Alter von zehn Jahren erstmals eine Truppeneinheit befehligt hatte, ging von seinen Frauen begleitet in die Schlacht. Erst im entscheidenden Kampfstadium wurden diese weggebracht. Nach der Schlacht schnitten sie den im Feld gefallenen Feinden die rechte Hand ab. Aus der Zahl der auf einen Haufen zusammengetragenen Hände konnten sie errechnen, wieviele Feinde den Tod gefunden hatten.

Sobald Hori ein Schreiber sein wird, wird er im Ministerium für Öffentliche Bauten des Pharaos arbeiten und wie sein Vater ein Architekt werden können. So hoffen zumindest seine Eltern. Aber Hori träumt von einer ganz anderen Zukunft. Er möchte lernen, den Wagen seines Vaters zu lenken und Pfeile abzuschießen, während die Pferde wild galoppieren; er möchte zu den Kampftruppen des Pharaos einberufen werden. Das ägyptische Heer besteht aus Fußsoldaten, Bogenschützen und Wagenkämpfern. Die Letztgenannten sind die Mutigsten von allen und gehören den höheren Klassen an, da nur die Reichen sich einen Wagen und ein Paar schneller Pferde leisten können.

Der Pharao benötigt ein starkes Heer, um seine Vormachtstellung über die eroberten Länder zu behaupten. Wenn ein Nachbarstaat Ägypten bedroht, ruft der Pharao auch Zivilisten zum Heeresdienst ein. Bei Schlachten führt der Pharao selbst seine Truppen an. Ramses II. ist ein unerschrockener Krieger. In der Schlacht führt er stets einen gezähmten Löwen an seiner Seite. Einmal, bei der berühmten Schlacht von Kadesch, wurde sein Heer von den Hethitern in die Flucht geschlagen, aber Ramses hatte den Feind beinahe allein bezwungen. Das Heer ist in vier Abteilungen unterteilt, die jeweils den Namen eines Gottes tragen: Amun, Rê, Ptah und Seth.

Die Ausrüstung wird den Soldaten während einer feierlichen Zeremonie in Anwesenheit des Pharaos übergeben. Die verschiedenen Waffen werden für diese Verteilung auf großen Stapeln geschlichtet. Dazu gehören Schwerter aus Kupfer und Bronze, Bögen und Wurfspieße, Schilde aus Holz oder Leder sowie mit Metallplättchen überzogene Lederrüstungen.

Die eroberten Völker müssen dem Pharao in regelmäßigen Abständen hohe Abgaben zahlen. Die Kriegsgefangenen werden als Sklaven gehalten: sie werden im Triumphzug des Pharaos mitgenommen und müssen dann in seinem Heer dienen sowie in den Bergwerken oder bei der Errichtung großer Bauwerke Schwerarbeit verrichten.

Die Bauten des Pharaos

Einmal stieß man unter Beisein von Ramses II. in einem Steinbruch auf einen Granitblock von außergewöhnlicher Größe. Wie jedes glückliche Ereignis wurde auch dies als Beweis der göttlichen Kraft des Pharaos gedeutet. Aus dem riesigen Steinblock wurde eine kolossale Statue gemeißelt, die dem Gott Ramses gewidmet wurde. Bei allen Bauarbeiten waren Schreiber anwesend, die über die Kosten der Arbeitskräfte und der Materialien Buch führten. Sie waren dabei derart genau, daß sogar die Zahl der Dochte registriert wurde, die die Arbeiter unter Tag verbrauchten. In den Aufzeichnungen der Schreiber finden wir auch einige Begründungen für die Abwesenheit gewisser Personen von der Arbeit: einen Esel zum Tierarzt bringen; am Begräbnis einer Tante teilnehmen . . . zum dritten Mal!

Horis Vater ist seit vielen Wochen nicht daheim gewesen. Er ist in die ferne Provinz Nubien gefahren, um dort großartige Bauten für den Pharao zu überwachen. Ramses II. hat beschlossen, dort einen kolossalen Tempel zu seinem 30. Regierungsjubiläum zu errichten. Der Tempel wird Rê, dem Sonnengott, und Ramses selbst, als Gott der Erde, gewidmet sein. Die Errichtung von Tempeln ist eine der wichtigsten Aufgaben des Pharaos, da auf diese Weise die Götter besonders verehrt werden und Ägypten unter ihrem Schutz steht.

Der Tempel muß an der Seite eines den Nil beherrschenden Hügels errichtet werden. Zu seiner Erbauung ist eine Unzahl von Arbeitern und Künstlern notwendig. Vor allem ist ein ganzes Heer von Steinmetzen am Werk, die mit Bronzewerkzeugen den Felsen bearbeiten, um so an der Fassade des Tempels eine glatte Oberfläche zu erzielen. Dann werden nach einem Entwurf von Horis Vater die Verzierungen rund um den Eingang und die vier gigantischen Ramses-Statuen hergestellt. Zuerst werden die Konturen der Statuen grob herausgemeißelt. In der nächsten Phase werden dann von bedeutenden Steinmetzen die Köpfe und der Rest der Figuren herausgearbeitet, wobei die Oberflächen mit geeigneten Steinen geglättet werden. In der Zwischenzeit graben andere Arbeiter aus dem Felsen des Hügels den Innenraum des Tempels heraus. Diese riesigen Massen von Steinen herauszuschlagen und wegzutransportieren, ist eine überaus mühselige Arbeit, die vor allem den Sklaven vorbehalten ist, die zum Großteil Kriegsgefangene sind. Der Tempel soll aus drei Räumen bestehen, die ebenfalls mit aus dem Fels herausgehauenen Statuen verziert sein werden. Sobald ein Abschnitt fertig ist, malen geschickte Maler die Statuen an und bedecken die Wände mit Bildern von Gottheiten, Szenen aus dem Alltagsleben und Siegen des Ramses.

Die Götter

Wie alle Schüler im alten Ägypten, so hat auch Hori viele freie Tage für die Feiern der verschiedenen Gottheiten. An diesen Tagen finden Umzüge statt, man musiziert und tanzt in den Straßen, und die Priester rufen mit heiligen Schauspielen die Geschichten der Götter wieder in Erinnerung. Jede Stadt und jedes Dorf hat seine lokale Gottheit, oft in Form eines Tieres, wie etwa die Katzengöttin Bastet, die vor allem in Bubastis verehrt wird, oder der Stier Apis aus Memphis. Einige Götter, wie Rê, der Sonnengott, und Nut, die Himmelsgöttin, sind so berühmt, daß ihr Kult in ganz Ägypten verbreitet ist.
Hori erwartet mit großer Ungeduld die Zeit des Hochwassers des Nils, wenn sein Vater gemeinsam mit der ganzen Familie den Pharao in die Stadt Opet (möglicherweise eines der Kultzentren in Theben, Sitz des Amun-Heiligtums) begleitet, um dort das Fest des Amun, des Gottes der Luft und der Fruchtbarkeit, zu begehen, der später der Beschützer des gesamten ägyptischen Reiches werden sollte. Ein Zug von Priestern trägt ein Bild des Amun in einem Festboot bis zum Fluß, auf dem das Boot mit seiner kostbaren Fracht dann bis nach Opet gezogen wird, damit der Gott seinen Tempel besuchen kann.
An den Ufern drängen sich die Zuschauermassen, die den Gott loben, tanzen, Flöte spielen und die Trommel schlagen. Es gibt Buden mit Speisen und Getränken und Familien, die im Freien kochen und essen. Die Atmosphäre ist fröhlich und lebhaft. Die Statue Amuns ist mit einem Tuch bedeckt; das einfache Volk kann sie nicht sehen und darf auch den Tempel nicht betreten. Es ist jedoch allen gestattet, in die Vorhöfe des Tempels Gaben zu bringen. Im innersten Raum der Tempel holt der Hohepriester jeden Tag das Bild des Gottes aus der Kapelle, wäscht und kleidet es und bringt ihm Gebete und Speisen dar.
Auch Frauen dienen in den Tempeln. In jedem von ihnen lebt eine gewisse Anzahl von Sängerinnen, Tänzerinnen und Musikantinnen. Horis Mutter, die dem Gott Seth ergeben ist, nimmt an den Riten im Tempel teil.

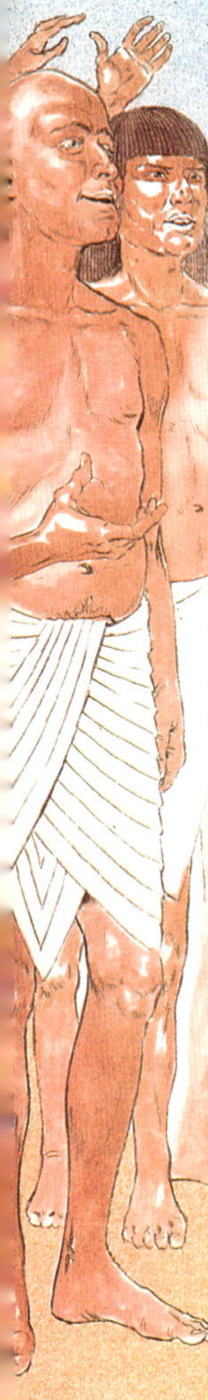

Eine Statue des Osiris zu waschen und zu schmücken bedeutete, die tägliche Wiedergeburt der Sonne und die Wiederauferstehung des Gottes zu feiern. Dieses Ritual, das täglich im Namen des Herrschers ausgeführt wurde, erinnerte daran, daß der Pharao jeden Tag den Vater zu neuem Leben erstehen ließ. Die Speisen, die der Gott nicht anrührte, wurden dann in einem Teil des Tempels den königlichen Nachkommen angeboten und schließlich von den Priestern verzehrt. Gemäß den Ägyptern begleiteten die Verstorbenen Osiris im Sonnenschiff durch den Himmel ins Jenseits. Dort wurde die Seele von 42 Himmelsrichtern beurteilt, nachdem vorher das Ge-

wicht des Herzens des Verstorbenen mit jenem der Feder der Wahrheit verglichen worden war. Wenn das Herz nicht zu schwer war, ging der Verstorbene in das Reich des Osiris ein, andernfalls wurde er einem Ungeheuer zum Fraß vorgeworfen.

Gottheiten und Tempel

Khepri, der Gott der aufgehenden Sonne in Form eines Skarabäus

1 Aton (auch Atum), Schöpfer und Herr der Welt
2 Isis, Gattin des Osiris und Beschützerin der Kinder

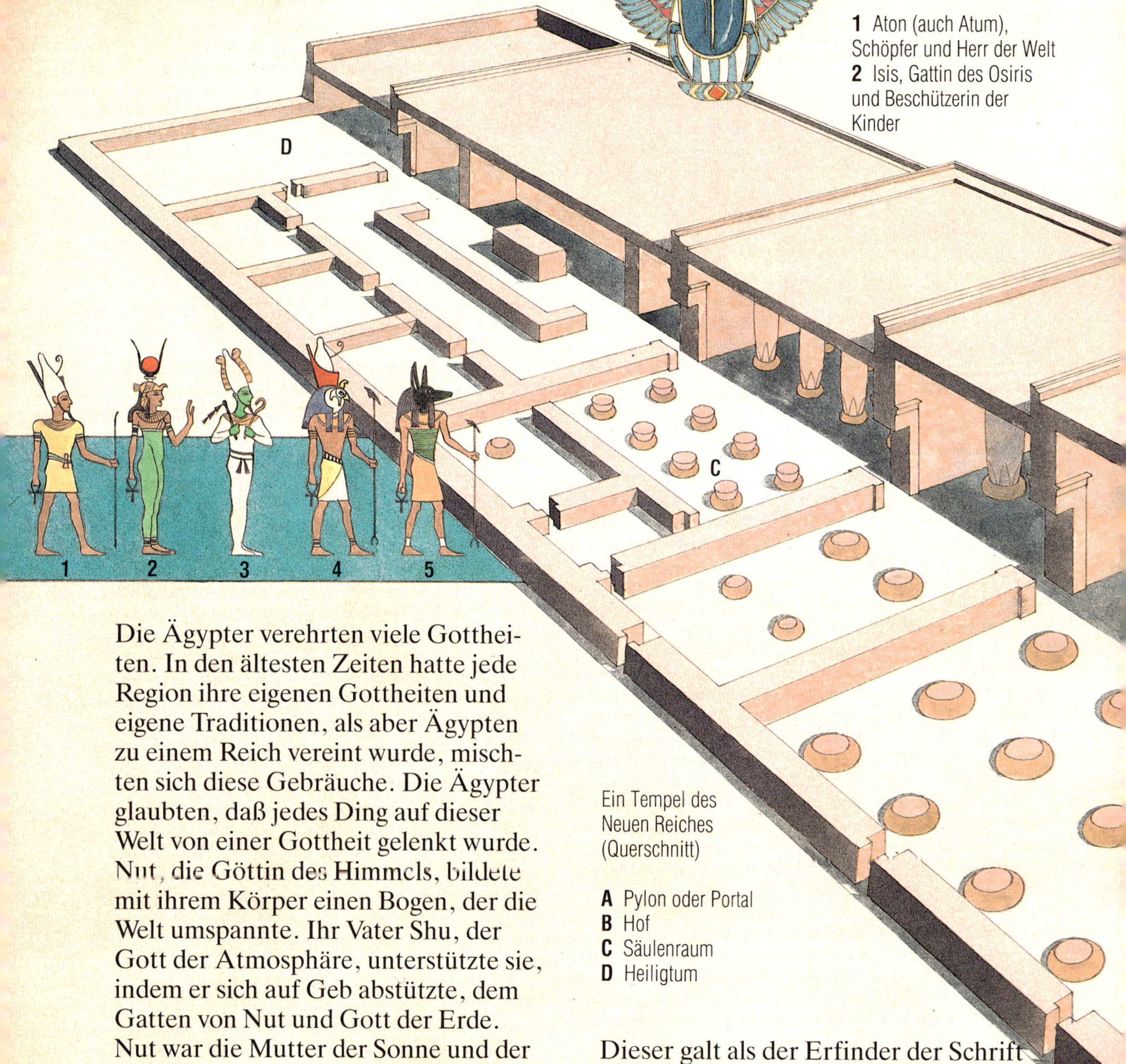

Die Ägypter verehrten viele Gottheiten. In den ältesten Zeiten hatte jede Region ihre eigenen Gottheiten und eigene Traditionen, als aber Ägypten zu einem Reich vereint wurde, mischten sich diese Gebräuche. Die Ägypter glaubten, daß jedes Ding auf dieser Welt von einer Gottheit gelenkt wurde. Nut, die Göttin des Himmels, bildete mit ihrem Körper einen Bogen, der die Welt umspannte. Ihr Vater Shu, der Gott der Atmosphäre, unterstützte sie, indem er sich auf Geb abstützte, dem Gatten von Nut und Gott der Erde. Nut war die Mutter der Sonne und der Sterne: jeden Abend verschlang sie diese, um sie am Morgen danach neu erstehen zu lassen. Rê, der Gott der Sonne, durchquerte den Himmel in einem Boot, begleitet von seiner Tochter Maat, der Göttin der Wahrheit und der Ordnung, und seinem Wesir Thot, dessen Aussehen dem eines Ibis glich.

Ein Tempel des Neuen Reiches (Querschnitt)

A Pylon oder Portal
B Hof
C Säulenraum
D Heiligtum

Dieser galt als der Erfinder der Schrift und Schutzherr der Schreiber. Zur Zeit des Neuen Reiches verschmolzen der Gott Amun von Theben und Rê zu einer Person und wurde als Amun-Rê als allmächtiger Reichsgott verehrt. Eine der ältesten und am meisten verehrten Gottheiten war Osiris, der Gott der Toten. Der Mythos erzählt, daß

Osiris von seinem Bruder Seth, dem Gott der Wüste und des Krieges, ermordet wurde. Dieser soll die Teile des Leichnams in den Nil geworfen haben. Aber Isis, die Schwestergemahlin des Osiris, hat ihn wieder zum Leben erweckt, indem sie die einzelnen Teile wieder verband. Nach Meinung der Ägypter lebte jede Gottheit wirklich im innersten und heiligsten Teil des Tempels, der ihr gewidmet war. Im Tempelbereich gab es auch Schulen und Bibliotheken.

Die Ägypter verwendeten eine Bilderschrift, die man Hieroglyphen nannte. Anfangs stellten die Hieroglyphen Gegenstände oder Tätigkeiten dar, erst später Laute. Oft wurde ein Bild an das Ende eines Wortes gesetzt, um dessen Bedeutung klarer zu machen.

Jedes einzelne Element war mit leuchtenden Farben bemalt. Der Tempel sollte die Welt versinnbildlichen: der innere Teil war die Erde, aus der die Säulen in Form von Papyrus-, Lotospflanzen oder Palmen herausragten. Die Decke war mit Zeichnungen von Sternen und Vögeln verziert und stellte den Himmel dar.

3 Osiris, im allgemeinen als Mumie dargestellt
4 Horus, in ganz Ägypten als Gott der Luft verehrt
5 Anubis, der uralte Gott der Toten, denen er den Weg ins Jenseits wies

6 Hathor, die Göttin der Freude, des Tanzes und der Liebe
7 Rê-Harachte (der falkenköpfige Sonnengott), im Neuen Reich die nationale Gottheit Ägyptens

Die Mumien

Jedes Jahr unternimmt die Familie Horis eine Pilgerfahrt nach Abydos, der Grabstätte des Gottes Osiris, der von seinem Bruder Seth ermordet und von seiner Schwester Isis wieder ins Leben zurückgerufen wurde. Osiris ist eine der beliebtesten Gottheiten Ägyptens, da er gezeigt hat, daß es ein Leben nach dem Tod gibt. Die Ägypter sind so überzeugt davon, daß sie ihre Verstorbenen sogar »Osiris« nennen. Da man glaubt, daß die Seele nach dem Tod den eigenen Körper braucht, muß dieser gut konserviert werden. Der »Osiris« wird zu den Einbalsamierern gebracht, die ihn speziell behandeln, so daß er sich nicht zersetzen kann. Als erstes werden das Gehirn und die Eingeweide des Toten entfernt und in speziellen Gefäßen (Kanopen) aufbewahrt. Dann wird der Körper gereinigt, mit Duftstoffen gefüllt und mit Natron bedeckt. Nach 70 Tagen ist der Körper vollkommen ausgetrocknet, so daß er Tausende von Jahren überdauern kann. Nach dem Austrocknen wird er gewaschen und mit duftenden Ölen eingerieben, mit Juwelen geschmückt und kunstvoll mit langen Leinenbinden umhüllt, zwischen denen kleine Gegenstände oder Amulette verborgen werden, die die Mumie beschützen sollen. Am Tag des Begräbnisses wird die Mumie an das Westufer des Nils überführt, wo sich die Wohnstätte der Toten befindet und wo für den Toten ein Felsengrab vorbereitet wurde. Jeder Ägypter sorgt bereits zu Lebzeiten für sein Grab und wünscht sich das schönste und dauerhafteste Grab, das er sich mit seinen Mitteln schaffen kann. Dieses Haus für die Ewigkeit besteht also nicht aus Nilschlammziegeln, sondern wird aus Stein gebaut und sollte möglichst mit Malereien geschmückt sein. Dort werden die Verwandten den Toten bestatten und ihm jene Gegenstände ins Grab mitgeben, die ihm im Jenseits nützlich sein werden: Kleider, Juwelen, Werkzeug . . . also all das, was auch ein Lebender braucht.

Auf die Brust jeder Mumie wurde eine Abschrift des *Totenbuches* gelegt, einer Sammlung von Zauberformeln und Anleitungen für die Seele auf ihrer langen, gefährlichen Reise ins Jenseits. Gemeinsam mit der Mumie wurden die *Uschebti* oder kleinen Statuetten von Dienern begraben, die an die Stelle des Toten treten sollten, sobald eine Gottheit von diesem eine schwere Arbeit verlangte. Bevor die Mumie im Sarkophag verschlossen wurde, wurde die Zeremonie der symbolischen »Mundöffnung« durchgeführt. Ein Priester berührte mit einer kleinen Axt die Lippen der Mumie, um sie zu beleben. Dann berührte er auch die gemeißelten oder gemalten Figuren des Grabes, damit diese dem Verstorbenen helfen könnten. Man konnte auch symbolisch eine Person töten: dabei wurden Hände, Gesicht, Füße und der Name auf seinem Bild gelöscht oder abgehauen.

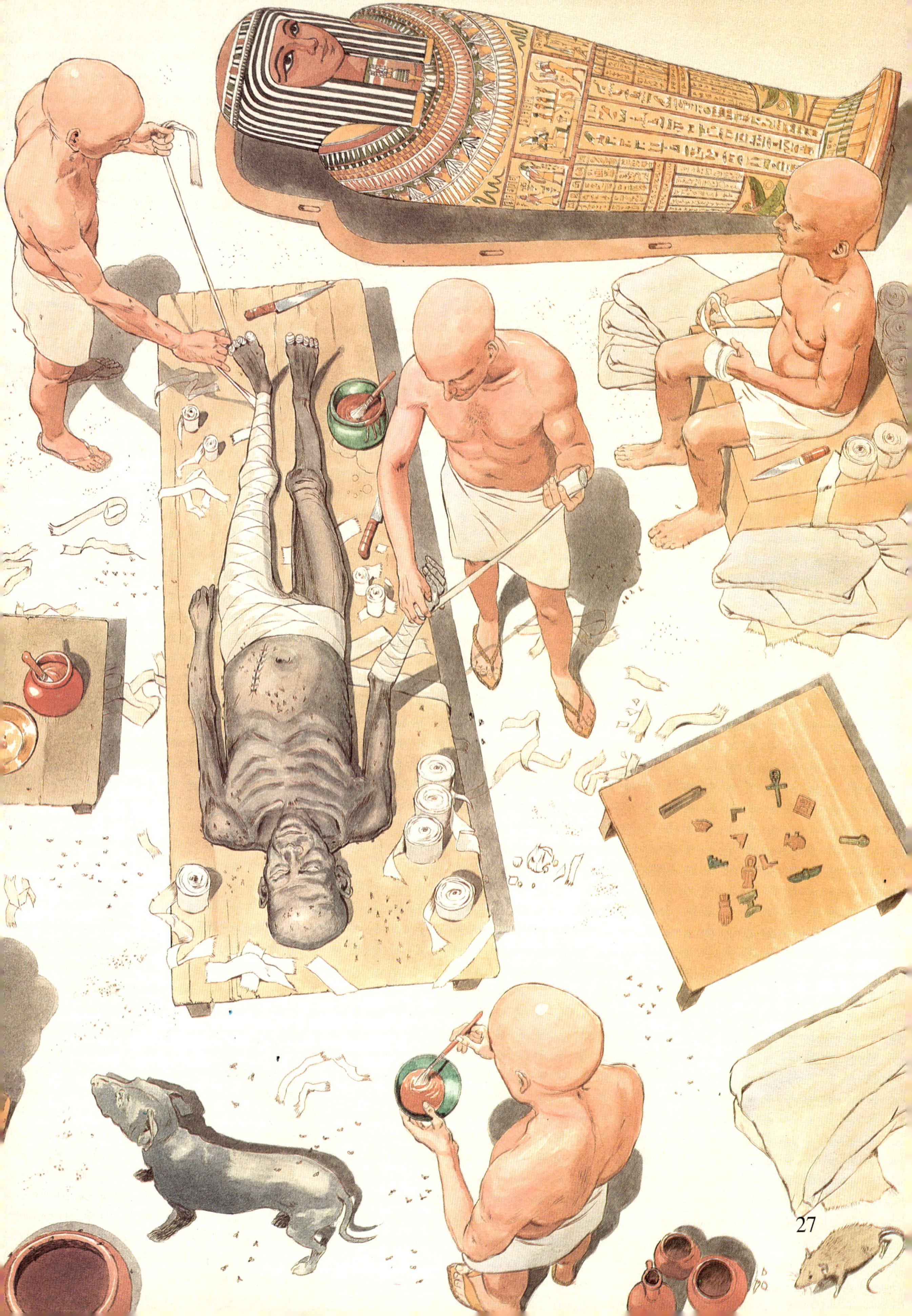

Ein Begräbnis

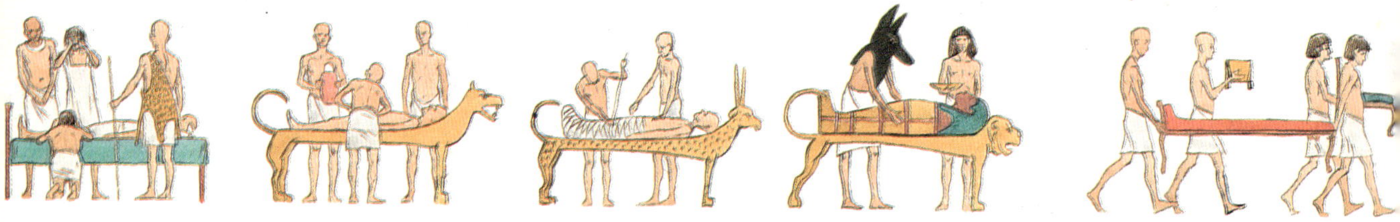

Wenn jemand verstarb, hielten seine Verwandten eine Trauerzeit von 70 Tagen ein: sie bestrichen ihre Gesichter mit Schlamm. Die Einbalsamierer mumifizierten den Leichnam, dann hüllten sie ihn in Leinenbinden. Die Mumie wurde auf eine bemalte Tragstange gelegt, die die Form eines Körpers hat. Der als Anubis verkleidete Priester leitete die Zeremonie. Der Trauerzug: Die Diener trugen die Gegenstände, die der Tote im Jenseits brauchte.

Die Grabstätten befanden sich am Westufer des Nils, also dort, wo die Sonne unterging. Daher mußte man für das Begräbnis den Fluß überqueren. Die Priester trugen die Mumie auf einer Tragstange in Form eines Körpers. Diese ruhte auf einem von Ochsen gezogenen Schlitten und wurde von den Verwandten und den Klageweibern begleitet. Das waren Frauen, die dafür bezahlt wurden, daß sie weinten, sich die Kleider zerrissen und die Haare rauften. Es folgten die Diener mit Kisten, die Kleider, Juwelen, Weinkrüge, Lampen, Werkzeug, Schach und andere Spiele sowie kleine Statuetten enthielten, die jene Personen darstellten, die im Jenseits anstelle des Verstorbenen arbeiten sollten. Eine weitere Prozession brachte die vier Kanopen, jene Gefäße, die die

1

2

1 Amulett
2 Kiste mit vier Kanopen, die die Eingeweide des Verstorbenen enthielten

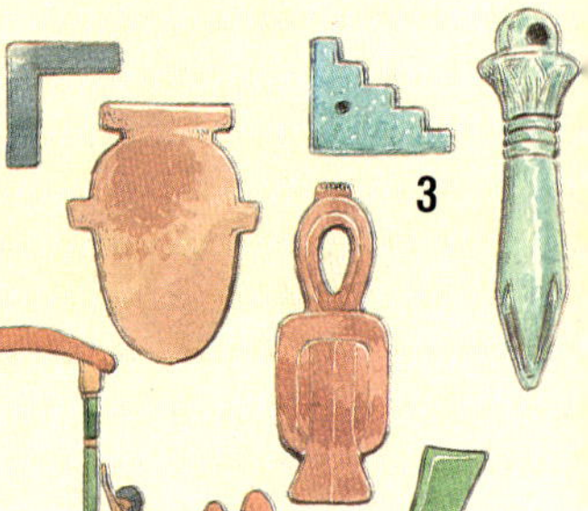

3

3 Amulette, die zwischen den Binden einer Mumie verborgen wurden
4 Totenschiff (Modell)

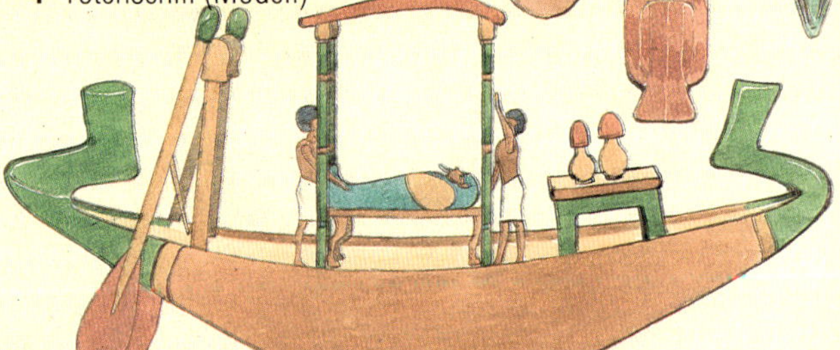

4

Der Trauerzug überquerte den Nil von der Stadt der Lebenden in die Stadt der Toten. Die Klageweiber auf dem Dach des Bootes rauften sich die Haare und zerrissen ihre Kleider. Die letzten Riten vor dem Grab: ein Priester verbrennt Weihrauch und bringt ein Trankopfer. Ein Priester stellt die Mumie während der Zeremonie der »Mundöffnung« auf die Beine.

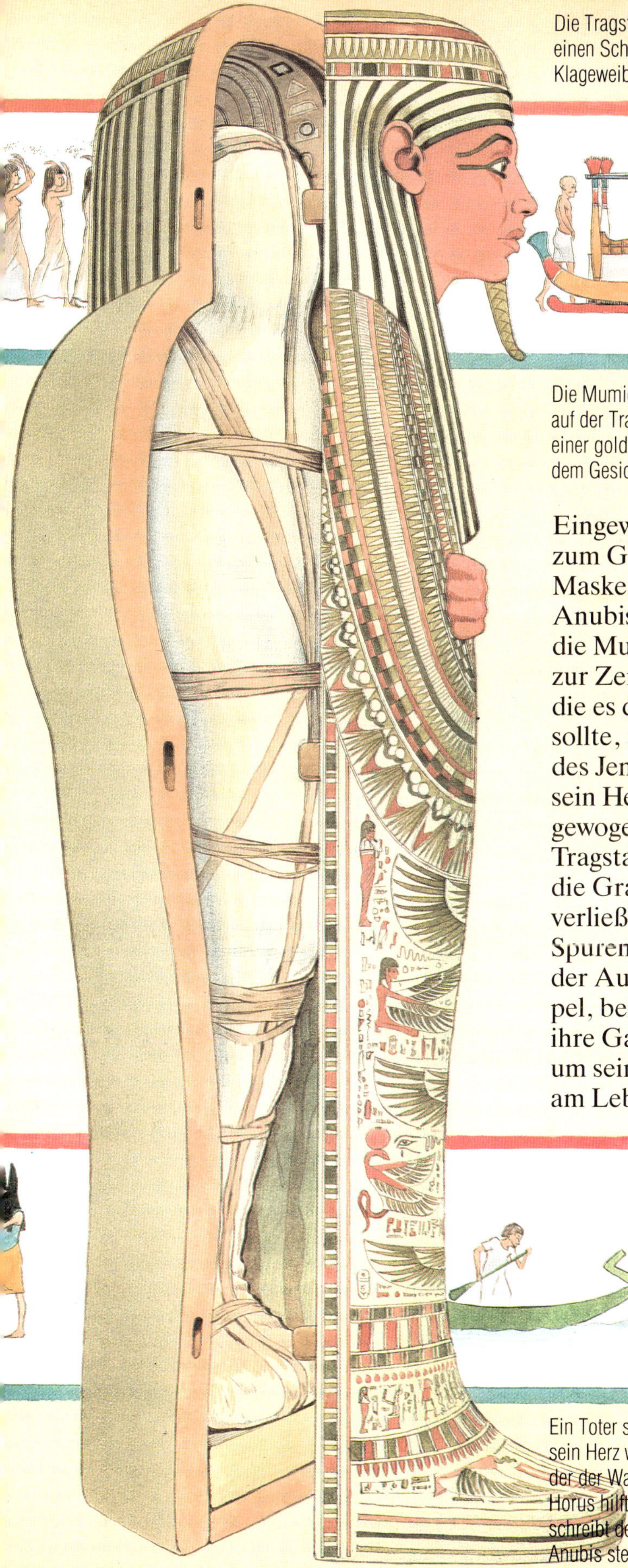

Die Tragstange wird auf einen Schlitten gelegt. Die Klageweiber streuen Staub auf ihre Häupter, klagen lauthals und vollführen theatralische Trauergesten.

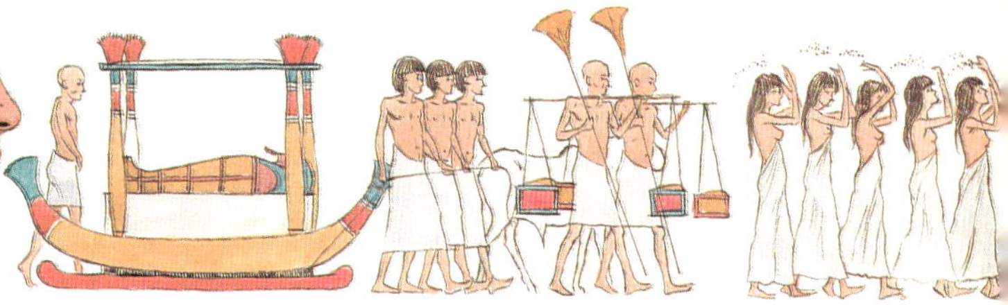

Die Mumie eines Pharaos auf der Tragstange, mit einer goldenen Maske auf dem Gesicht. Die Mumie ist in ein Schweißtuch eingehüllt, das von Binden gehalten wird.

Eingeweide enthielten. An der Tür zum Grab stellte ein Priester, der eine Maske in Form eines Schakals trug, die Anubis, den Gott der Toten, darstellte, die Mumie senkrecht, und man schritt zur Zeremonie der »Mundöffnung«, die es dem Verstorbenen ermöglichen sollte, auf die Fragen der 42 Richter des Jenseits zu antworten, während sein Herz auf der Waage der Wahrheit gewogen wurde. Schließlich wurde die Tragstange in den Steinsarkophag in die Grabkammer gelegt, die Priester verließen sie, verwischten dabei ihre Spuren und versiegelten die Tür. An der Außenseite befand sich ein Tempel, bei dem die Verwandten des Toten ihre Gaben in Naturalien niederlegten, um sein »Ka'a« (»Die Kraft zu leben«) am Leben zu erhalten.

Ein Toter steht vor Osiris: sein Herz wird mit der Feder der Wahrheit gewogen. Horus hilft dabei, Thot schreibt den Urteilsspruch, Anubis stellt die Waage ein, und ein Ungeheuer steht bereit, das Herz zu zerfleischen, wenn der Verstorbene für schuldig befunden würde.

Auf dem Land

Mehrmals im Jahr begibt sich Horis Familie in ihr Landhaus. Was für die Kinder immer ein Urlaub ist, ist für den Vater hingegen mit großen Mühen verbunden: er muß mit seinem Verwalter den Besitz inspizieren. Es ist die Aufgabe des Verwalters, sich um den Besitz zu kümmern, wenn sein Herr in der Stadt ist, die Aussaat und das Ernten

Die alten Ägypter züchteten keine Hühner: Hähne und Hennen wurden in Ägypten erst spät eingeführt. Einige kleine Säugetiere und Vögel, wie zum Beispiel Enten, wurden zwangsweise gestopft, um sie fett zu machen. Fleisch gab es meist nur auf dem Tisch der reichen Leute, die Bauern kosteten selten davon: ihr Hauptnahrungsmittel war Gerstenbrot. Kühe wurden eher als Zugtiere eingesetzt als zur Milchproduktion.

des Getreides, die Oliven- und Traubenernte und dann die Herstellung des Öls zu überwachen bzw. die Arbeit der Bäcker, der Bierbrauer, der Weber und der Töpfer zu kontrollieren, die sowohl für den Bedarf des Gutes selbst als auch für den freien Verkauf arbeiten. In Ägypten hat das Jahr drei Jahreszeiten: die der Nilüberschwemmungen, die der Saat und die der Ernte. Zur Zeit des Hochwassers gleichen die Dörfer auf den Anhöhen Inseln, die aus dem Wasser herausragen. Die Bauern werden dann zu Fährmännern, Fischern und Kunsthandwerkern. Sobald sich das Wasser jedoch wieder zurückzieht, beginnen sie rasch mit der Aussaat von Gerste und Weizen, bevor die Sonne den Boden wieder austrocknet und hart werden läßt. Die von Ochsen gezogenen Pflüge wälzen den fruchtbaren Schlamm um, damit die Saat bedeckt wird. Dann wird der gesäte Boden immer bewässert. Zu diesem Zweck führt ein Netz großer und kleiner Kanäle das Wasser des Nils zu den Feldern. In den Zeiten, in denen der Boden unbebaut ist, säubern und reparieren die Bauern die Kanäle. Diese Arbeit gehört zu den Tributen, die dem Pharao entrichtet werden müssen.

Jedes Jahr nach der Ernte führen der Verwalter und seine Schreiber Buch: sie berechnen, wieviel Weizen den Bediensteten des Gutes, Horis Vater und dem Pharao zustehen. Dann werden alle Tiere zur Zählung und Markierung zusammengetrieben.

Die Schreiber notieren die Anzahl der während des Jahres geborenen Schäfchen. Diese Szene ist für Hori und seine Geschwister sehr interessant, und sie würden sich gerne nähern, um alles besser sehen zu können, aber die Erwachsenen halten sie wegen des Staubes und des Lärms davon ab.

Nur die Großgrundbesitzer stellten Futter für große Fleischtiere her, da der Großteil des Bodens für den Anbau von Getreide diente. Die geschnittenen Ähren wurden in großen Netzen zum Fluß gebracht und auf Schiffe geladen, die sie zum Dreschen in den Gutshof brachten. Die ersten Weizenbündel wurden den Göttern geopfert.

Die Jagd

Horis Vater hat in seinem Landhaus viele Zweigespanne, Pferde und Jagdhunde, da er gerne Freunde zur Jagd einlädt. Die Jäger kommen in geschlossenen Booten an, das Zweigespann am Dach festgebunden; dann macht sich die Gesellschaft in Richtung Wüste auf den Weg, wo sie zahlreiche Antilopen- und Gazellenherden antreffen. Hori kann es nicht erwarten, an diesen Jagden teilnehmen zu können, aber sein Vater meint, er müsse noch warten, bis er älter wäre. In der Zwischenzeit hat Hori mit den Knaben im Dorf Freundschaft geschlossen, und sie nehmen ihn zum Fischen mit. Viele der größeren Knaben sind geschickte Fischer, die die Fische mit der Harpune treffen können. Hori versucht, eine Harpune zu schleudern, aber er hat noch Schwierigkeiten damit, sich auf dem schwankenden Boot im Gleichgewicht zu halten. Die Boote bestehen aus Bündeln von

Die Jagd auf Sumpfvögel war sehr verbreitet. Die Jäger waren mit einem Speer bewaffnet, der meist mit einem Schlangenkopf verziert war. Die Beute wurde rasch von den Dienern eingesammelt, bevor Raubkatzen und Krokodile sich ihrer bemächtigen konnten. Die ärmsten Fischer fischten mit großen Netzen, die aus einigen Metern Entfernung vom Ufer aus ins Wasser geworfen wurden. Die Fische, die nicht sofort von den Fischern verzehrt wurden, wurden gesalzen und in der Sonne getrocknet. In der Wüste endeten Gazellen, Antilopen und Hyänen, die von abgerichteten Hunden verfolgt wurden, in den Netzen der Jäger, die sie dann mit ihren Pfeilen und Speeren töteten. Viele wilde Tiere, die in die Falle gegangen waren, wurden lebendig in die Jagdreviere des Pharaos gebracht.

Papyrusrohren, die fest miteinander verbunden sind.
Eines Tages teilt der Aufseher Horis Vater und seinen Gästen mit, daß sich in einem Stausee des Flusses, nicht weit vom Landhaus entfernt, einige große Nilpferde verirrt haben. »Holt schnell die Boote«, ruft Horis Vater aufgeregt. »Nehmt Harpunen und Seile mit. Eine solche Beute dürfen wir uns nicht entgehen lassen!« – »Laß mich mitgehen«, bettelt Hori, »ich weiß, wie man mit einer Harpune umgeht.« Sein Vater lächelt: »Einverstanden. Aber Waffe gebe ich dir keine in die Hand, im Gegenteil: du mußt mir versprechen, im Boot nicht einmal aufzustehen.« Hori hält den Atem an, als einer der Jäger versucht, das größte Nilpferd zu treffen. Das Tier greift an und stößt das Boot des Angreifers um, aber Horis Vater schleudert geistesgegenwärtig seine Waffe in den weit aufgerissenen Rachen des Tieres. Das Nilpferd bricht mit einem Biß die Harpunenstange durch, kann sich aber der Spitze nicht entledigen, an der ein Seil befestigt ist: tödlich getroffen versucht es, in die Strömung zu entfliehen und zieht dabei das Boot von Horis Vater hinter sich her. Die anderen Boote nehmen die Verfolgung auf: das bedeutet das Ende für den unglückseligen Dickhäuter!

Das Gastmahl

Horis Vater lädt seine Freunde zu einem Gastmahl, um den Jagderfolg zu feiern. Die Ägypter lieben diese Anlässe und genießen es, sich in Gesellschaft zu amüsieren. Die Bediensteten haben den ganzen Tag über damit zu-

gebracht, Fleisch, Geflügel und Fisch an den Feuerstellen im Freien zu braten. Es wurde nie im Inneren des Hauses gebraten, um jede Brandgefahr zu vermeiden. In der Zwischenzeit haben die Bäcker Brot in phantasievollen Formen und exquisite Bäckereien aus Dattelmehl, mit Honig gesüßt, gebacken. Hori eilt zu seiner Mutter, um von der Jagd zu berichten, und bittet sie, am Gastmahl teilnehmen zu dürfen.

»Ich bin auch ein Jäger«, rühmt er sich. »Er war sehr tüchtig, wir können ihm den Wunsch erfüllen«, wirft der Vater lächelnd ein.
Die Jäger haben sich gewaschen und den ganzen Körper mit nach Weihrauch duftenden Salben eingerieben, haben festliche Gewänder und kostbaren Schmuck angelegt und nehmen nun in der Laube auf dem Dach des Hauses

Platz. Horis Eltern und die Ehrengäste sitzen auf niedrigen Stühlen mit Lehnen, aber der Großteil der Eingeladenen begnügt sich mit Matten oder Hokkern. Die Dienerinnen bieten den Gästen wohlriechende Lotusblüten an und stecken mit Duftessenzen getränkte kegelförmige Behälter auf deren Perükken. Auf den niedrigen, mit Blumen geschmückten Tischen neben jedem Gast befindet sich eine große Menge ausgezeichneter Speisen: Obst, Gemüse, Süßspeisen, Wasser- und Zukkermelonen. Dann treten die mit Schürzen bekleideten Diener ein und bringen die Hauptspeisen: Fleisch, Enten- und Gänsebraten. Auch Hori hilft, den Gästen zu servieren. Das Gastmahl

wird vom Klang der Flöten, Lauten und Trommeln untermalt. Die Fröhlichkeit ist auf dem Höhepunkt. Der Mundschenk achtet darauf, daß die Alabasterbecher der Gäste immer bis zum Rand voll sind. »Auf das Wohl deines Ka'a«, wünscht ein Gast dem anderen und stößt mit ihm an. »Auf das Wohl von Hori, dem Jäger«, ruft jemand aus. Hori ist glücklich: es war ein wunderbarer Tag!

Stampato presso
GIUNTI INDUSTRIE GRAFICHE S.p.A.
Stabilimento di Prato, ottobre 1991